LA RÉPUBLIQUE ET SES VALEURS EXPLIQUÉES AUX ENFANTS

ET AUX GRANDS AUSSI PARFOIS !

DES ATTAQUES TERRORISTES EN FRANCE

L'attaque contre le journal Charlie Hebdo

• Le mercredi 7 janvier 2015, à 11 heures, 2 terroristes armés et cagoulés attaquent les bureaux du journal *Charlie Hebdo*, à Paris. Ils tuent 12 personnes, dont 5 dessinateurs, des journalistes, des policiers… Puis ils s'enfuient en voiture.

• La police découvre ensuite leurs noms : Chérif et Saïd Kouachi, 2 frères de 32 et 34 ans. Ce sont des djihadistes. Ils ont attaqué *Charlie Hebdo* parce que ce journal avait publié des dessins se moquant du prophète Mahomet. Mais les dessinateurs de *Charlie Hebdo* avaient le droit de le faire, car la presse est libre en France *(lire p. 28-29)*.

© AFP

Des camions de pompiers et des ambulances viennent porter secours aux victimes de l'attentat contre *Charlie Hebdo*, le 7 janvier 2015.

Les terroristes sont tués

• Le jeudi 8 janvier, à Montrouge, près de Paris, un homme tire sur 2 personnes dans la rue. Il tue une policière.

• Le matin du vendredi 9 janvier, la police retrouve Chérif et Saïd Kouachi. Ils se cachent dans une usine à Dammartin-en-Goële, près de Paris. Des policiers entourent l'usine.

• En milieu de journée, le tireur de Montrouge entre dans un supermarché casher, à Paris. Armé, il tue 4 personnes et retient une vingtaine d'otages. Le tireur s'appelle Amedy Coulibaly. Il connaît les frères Kouachi.

• En fin d'après-midi, les frères Kouachi sortent de l'usine en tirant. Des gendarmes les abattent. Au même moment, Amedy Coulibaly est tué par des policiers.

Dico

Terroriste : personne qui utilise la violence pour imposer ses idées.

Djihadiste : islamiste qui utilise la violence et le terrorisme pour étendre et défendre sa religion.

Prophète : personne qui a entendu le message de Dieu et qui le fait connaître.

Mahomet : dans la religion musulmane, messager (prophète) qui a transmis la parole de Dieu aux hommes.

Casher : qui vend des aliments autorisés par la religion juive.

Otage : prisonnier pour faire du chantage.

Place de la République, à Paris, le 11 janvier.

© AFP

4 MILLIONS DE FRANÇAIS DANS LA RUE

Samedi 10 et dimanche 11 janvier, des centaines de défilés ont lieu partout en France. Ils sont organisés pour rendre hommage aux morts des attaques terroristes, défendre les libertés et les valeurs (les idées importantes) de la République française. Beaucoup de gens portent des pancartes « Je suis Charlie » et des crayons géants.

- En 3 jours, les terroristes ont tué 17 personnes. Des millions de Français sont choqués et très tristes.
- Le dimanche 11 janvier, environ 4 millions de personnes défilent partout en France contre le terrorisme. Ils veulent aussi défendre les valeurs de la République *(lire p. 6-7)*.
- Le président François Hollande participe au défilé, entouré d'environ 50 chefs de pays étrangers.
- Face aux menaces terroristes, des bâtiments, comme les écoles, sont surveillés et protégés par des policiers. La police recherche les complices des terroristes.

5 QUESTIONS POUR RÉFLÉCHIR

Pourquoi y a-t-il des terroristes ?

• Les terroristes sont des personnes qui utilisent la violence pour imposer leurs idées. Comme les frères Kouachi. Ils ont tué des journalistes de *Charlie Hebdo* parce qu'ils étaient en colère contre leurs dessins de Mahomet.

• Depuis toujours, certaines personnes veulent forcer les autres à penser comme elles en leur faisant peur. Dans le mot « terroriste », il y a le mot « terreur », qui veut dire très grande peur. Le terrorisme est un chantage. Les terroristes disent : *« Si vous ne faites pas ce que nous voulons, nous vous tuerons. »* Ils visent des cibles, comme les dessinateurs de *Charlie Hebdo*, mais frappent aussi au hasard, par exemple dans le métro à Londres en 2005.

© AFP

Chérif Kouachi, Saïd Kouachi et Amedy Coulibaly, les responsables des attaques terroristes des 7 et 9 janvier.

Charlie Hebdo

La Une de *Charlie Hebdo* du 19 septembre 2012.

Pourquoi certaines personnes disent-elles que *Charlie Hebdo* « l'a bien cherché » ?

Presque tout le monde en France est contre l'attaque à *Charlie Hebdo*, qui a fait 12 morts. Mais certaines personnes ajoutent un « mais ». Elles disent : *« C'est horrible d'avoir tué des gens, on n'a pas le droit, MAIS les dessinateurs n'avaient pas non plus le droit de se moquer de la religion. »* C'est faux. En France, les paroles et les actes racistes sont interdits mais on a le droit de se moquer des religions. C'est la liberté d'expression. Certaines personnes ont du mal à accepter que la liberté d'expression autorise à se moquer de leurs croyances. Par exemple, des musulmans trouvent très grave de dessiner Mahomet.

Dico

Mahomet : dans la religion musulmane, messager qui a transmis la parole de Dieu aux hommes.

Chantage : menace faite à quelqu'un pour obtenir ce que l'on veut.

Musulman : personne qui a pour religion l'islam.

Islamiste : musulman voulant imposer à tout le monde des règles très strictes. Elles viennent de sa façon de comprendre le Coran, le livre sacré des musulmans.

Suspect (ici) : personne que l'on pense capable de commettre une attaque.

Casher (ici) : qui vend des aliments autorisés par la religion juive.

Universel (ici) : qui concerne le monde entier.

S'inspirer de (ici) : prendre pour modèle.

Pourquoi ces attaques n'ont-elles pas pu être évitées ?

Les attaquants étaient connus des policiers et des agents secrets français. Mais ces spécialistes ne pensaient pas que les 3 islamistes allaient mener de telles attaques. Ils se sont trompés. Après ces attentats, les chefs de la lutte contre le terrorisme ont dit qu'ils n'avaient pas assez de moyens pour surveiller les personnes leur semblant dangereuses. Pour surveiller un suspect 24 heures sur 24, il faut 20 policiers.

© AFP

Pourquoi les terroristes islamistes attaquent-ils souvent des juifs ?

- Le magasin attaqué vendredi par Amedy Coulibaly était un supermarché casher. Les 4 personnes tuées étaient de religion juive *(lire p. 26-27)*.
- En 1948, un pays, Israël, a été créé pour accueillir les Juifs sur une partie d'un territoire appelé Palestine. Sur ce territoire vivent surtout 2 peuples : les Juifs, de religion juive, et les Palestiniens, surtout musulmans. Ils ont chacun une partie du territoire mais ils ne sont pas d'accord sur ce partage. Depuis plus de 60 ans, ils se battent. Les terroristes islamistes s'attaquent aux juifs, en France ou ailleurs, pour montrer aussi qu'ils détestent Israël.

© Corbis-Leemage

Pourquoi dit-on que la France est le pays des droits de l'homme ?

On dit cela, car la Déclaration universelle des droits de l'homme de 1948 s'inspire d'un texte français : la Déclaration des droits de l'homme et du citoyen *(photo)*. Ce texte date de 1789, l'année du début de la Révolution française. Il affirme de grands principes : égalité de tous les citoyens (ils ont les mêmes droits), respect des opinions et des croyances, liberté de dire ce que l'on veut...

Les valeurs de la République française

Notre pays est une république : la loi doit être respectée par tous et le président est élu (ce n'est pas un roi ni un fils de roi). Sa devise est « Liberté, égalité, fraternité ». Exemples d'idées importantes dans la République française :

La laïcité

C'est une règle dans notre pays depuis 1905. Elle dit que chacun est libre de choisir sa religion ou de ne pas en avoir.
Les chefs du pays prennent des décisions pour tous les habitants, sans tenir compte des religions.
Dans les écoles publiques, par exemple, les connaissances sont enseignées à tous de la même manière.
Les croyances de chacun doivent rester à la maison, dans la vie privée.

La démocratie

En France, les citoyens majeurs ont le droit de voter pour choisir le président de la République, les députés et leurs représentants dans les villes, les départements et les régions.

Les libertés...

Les Français ont de nombreuses libertés. Ils ont le droit de s'exprimer, de se réunir, de choisir leurs idées politiques, de posséder ce qu'ils veulent... La liberté de la presse fait partie de ces libertés. C'est le droit des journalistes d'informer (raconter ce qui s'est passé) et d'exprimer leurs opinions. Tout cela, en respectant la loi. Par exemple, les paroles et les actions racistes sont interdites en France.

... et les droits de l'homme

On dit que « la France est le pays des droits de l'homme ». Parce que ces libertés sont écrites dans la Déclaration des droits de l'homme et du citoyen, un texte de 1789.

En 1948, les pays du monde se sont inspirés de ce texte pour créer la Déclaration universelle des droits de l'homme.

ART PRESSE

La question de Scoupe

Vrai ou faux ? Il y a 60 ans, en France, les filles et les garçons étaient séparés à l'école.

Vrai. Les écoles n'étaient pas mixtes.

La question de Tourbillon

Comment appelle-t-on un pays dirigé par un roi ?

Une monarchie (ou un royaume).

Dico

Loi : règle à laquelle tout le monde doit obéir.

Devise (ici) : phrase courte qui exprime les valeurs d'un pays.

Majeur (ici) : qui a 18 ans et plus.

Député (ici) : personne élue qui vote les lois et travaille à l'Assemblée nationale.

S'inspirer de : prendre pour modèle.

Universel (ici) : qui concerne le monde entier.

Ce qui représente la

Le drapeau bleu, blanc, rouge

Il a été créé en 1794, pendant la Révolution française *(lire p. 10-11)*.
Ses 3 couleurs sont signe d'union :
- Le blanc est la couleur des rois de 1638 à 1790.
- Le bleu et le rouge sont les couleurs de la ville de Paris, où a commencé la Révolution française.

La devise

C'est une phrase qui affirme les valeurs du pays.
La devise de la République française est : Liberté, égalité, fraternité. Cette devise est représentée par une femme, Marianne. On retrouve son buste dans les mairies, sur des timbres et sur des pièces de monnaie.

Un hymne ♫♪

C'est un chant qui évoque souvent un grand moment du passé du pays. L'hymne français est *La Marseillaise*.
Il a été composé en 1792 par Rouget de Lisle pour soutenir les soldats. Du coup, ses paroles sont guerrières !

République

Le coq

Il était l'un des symboles de la Gaule et des Gaulois. Il est devenu un **symbole** de la République française. On le retrouve par exemple sur une des grilles de l'Élysée. Aujourd'hui, il est surtout utilisé comme **emblème** sportif.

La fête du 14 Juillet

Le 14 juillet 1790, une fête est organisée pour **commémorer** le 1er anniversaire de la prise de la Bastille. En 1880, le 14 Juillet a été choisi comme jour de fête nationale.

ART PRESSE

La question de Scoupe

Vrai ou faux ? La France doit son nom à l'ancien peuple des Francs.

Vrai. Ils se sont installés en Gaule il y a 1 600 ans environ.

La question de Tourbillon

Quand a lieu la fête nationale aux États-Unis : le 4 juillet ou le 24 juillet ?

Le 4 juillet.

Dico

Buste (ici) :
sculpture de la tête et du haut du corps d'une personne.

Symbole, emblème :
ce qui représente une idée.

Commémorer :
se souvenir d'un événement.

La Révolution française

La Révolution française est une période de l'histoire de France qui a duré 10 ans, de 1789 à 1799. C'est à cette époque que, pour la première fois, la France a cessé d'avoir un roi.

1 Début 1789

- Le roi Louis XVI (16) dirige le pays. Il décide de tout.
- Il est entouré de nobles, des gens qui dirigent l'armée, la justice... Ils ont des privilèges : ils ne paient pas d'impôt et reçoivent de l'argent versé par les paysans.
- Le clergé est riche. Il possède beaucoup de terres et reçoit un impôt.
- Les paysans sont de plus en plus pauvres. En 1787 et en 1788, les récoltes, ravagées par les orages, ont été très mauvaises.
- Beaucoup de personnes, en France, veulent que la situation change. Elles réclament la fin des privilèges des nobles.

2 Mai 1789 : les États généraux

- Le pays manque d'argent. Pour trouver des solutions, le roi décide de convoquer les États généraux.
C'est une assemblée qui est composée de représentants des nobles, du clergé et du peuple, appelé le tiers état. Le 5 mai, les États généraux se réunissent à Versailles, la capitale du royaume.
- Le roi refuse ce que réclame le peuple. Les Français sont mécontents.

3 14 juillet 1789 : la prise de la Bastille

• Inquiet de voir les Parisiens en colère, Louis XVI a installé des soldats autour de la ville. Les Parisiens ont peur d'être massacrés. Ils se révoltent. Le 14 juillet 1789, des Parisiens armés attaquent la prison de la Bastille, qui symbolise pour eux l'injustice du pouvoir du roi. Ils s'en emparent. C'est la Révolution !

• Fin juillet, la nouvelle de la prise de la Bastille se répand dans toute la France. Les paysans ont peur que les nobles ne paient des bandits pour les tuer. Ils brûlent les châteaux et massacrent les seigneurs.

4 Août 1789 : la fin des privilèges

• Le 4 août 1789, les députés votent la fin des privilèges des nobles et du clergé. Tous les Français ont les mêmes droits et doivent obéir aux mêmes lois.

• Le 26 août 1789, la Déclaration des droits de l'homme et du citoyen est votée. Elle dit que les hommes naissent libres et égaux.

5 La fin du roi

• En octobre 1789, le roi est forcé de quitter Versailles et de s'installer à Paris. Il a beaucoup moins de pouvoir qu'avant.

• En 1791, le roi est arrêté alors qu'il essaye de fuir à l'étranger. Il est mis en prison et jugé coupable de ne pas avoir soutenu la Révolution.

• Le 21 janvier 1793, Louis XVI est guillotiné. La reine Marie-Antoinette l'est à son tour le 16 octobre 1793.

Dico

Privilège (ici) : avantage accordé à une personne ou à un groupe.
Impôt (ici) : somme d'argent que certains sont obligés de payer.
Clergé : religieux (prêtres, moines...).
Convoquer (ici) : réunir.
Symboliser : représenter.
S'emparer de : prendre.
Député : Français qui représente les autres Français à l'Assemblée nationale.
Guillotiner : couper la tête avec une machine appelée guillotine.

La Déclaration unive
des droits de l'homn

La Déclaration universelle des droits de l'homme a été votée en 1948. Tous les pays se sont mis d'accord sur ce texte. Il rappelle les principaux droits des hommes. Dans la réalité, ces droits ne sont pas toujours respectés. En voici quelques-uns.

Article premier

Tous les êtres humains naissent libres et égaux en dignité et en droits. Ils sont doués de raison et de conscience et doivent agir les uns envers les autres dans un esprit de fraternité.

Article 3

Tout individu a droit à la vie, à la liberté et à la sûreté de sa personne.

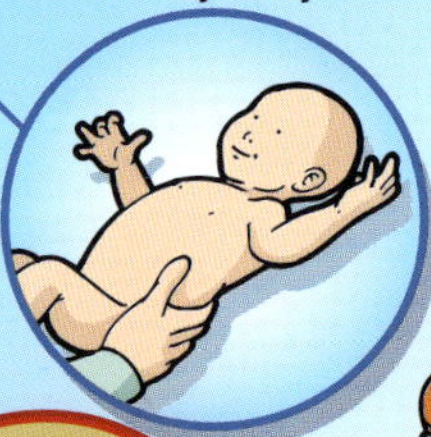

Article 4

Nul ne sera tenu en esclavage (...).

Article 5

Nul ne sera soumis à la torture (...).

Article 7

Tous sont égaux devant la loi et ont droit sans distinction à une égale protection de la loi (...).

Article 13

Toute personne a le droit de circuler librement (...).

Article 18

Toute personne a droit à la liberté de pensée, de conscience et de religion (...).

elle

Article 26

Toute personne a droit à l'éducation (...).

Article 25

Toute personne a droit à un niveau de vie suffisant pour assurer sa santé, son bien-être et ceux de sa famille, notamment pour l'alimentation, l'habillement, le logement, les soins médicaux (...).

Article 24

Toute personne a droit au repos et aux loisirs (...).

Article 19

Tout individu a droit à la liberté d'opinion et d'expression (...).

ART PRESSE

La question de Scoupe

Quelle grande organisation, regroupant presque tous les pays, défend la paix dans le monde ?

L'ONU (Organisation des Nations Unies).

Dico

Universel : qui concerne tout le monde.
Droits (ici) : ensemble des principes qui définissent les relations des hommes entre eux.
Dignité (ici) : droit au respect.
Conscience (ici) : ce qui permet de juger ce qui est bien ou mal.
Fraternité : grande entente entre des personnes.
Esclavage : fait de priver quelqu'un de liberté et de le dominer totalement.
Torture : souffrance physique que l'on fait subir à une personne.
Opinion : avis.
Expression (ici) : fait de dire ce que l'on pense.
Niveau de vie : quantité d'argent.

10 droits des enfan

La Convention des droits de l'enfant a été signée en 1989. Elle comporte 54 articles qui disent que les enfants ont des droits. Hélas, ils ne sont p toujours respectés. Des millions d'enfants souffrent encore dans le mon

1 Bienvenue sur la Terre !

Tous les enfants ont droit à la vie.

Chaque enfant qui naît a le droit de porter un nom, d'appartenir à une famille et à un pays.

2 Tous à l'école !

Tous les enfants ont droit à l'éducation.

Savoir lire, écrire et compter permet de devenir plus libre.

3 Non au racisme !

Tous les enfants doivent être protégés contre le racisme.

Quels que soient leur religion, leur pays ou leur couleur de peau, les enfants ont les mêmes droits.

4 La santé pour tous !

Tous les enfants ont droit à la santé.

Ils ont le droit d'avoir des médicaments et d'être vaccinés.

10 Ne touche pas à mon corps !

Tous les enfants doivent être protégés contre la violence.

Personne n'a le droit de brutaliser un enfant, ni d'av des gestes qui le gênent.

5 L'amour d'une fami

Tous les enfants doivent pouvoir être élevés par leurs parents.

Même si les parents sont séparé l'enfant a le droit de garder des relations avec eux.

9 Le travail, ce n'est pas pour les enfants !

Tous les enfants doivent être protégés contre l'exploitation dans le travail.

Dans certains pays, les enfants sont obligés de travailler, pour gagner un peu d'argent.

8 Stop à la guerre !

Tous les enfants doivent être protégés contre la guerre.

Quand il y a la guerre, les enfants sont souvent blessés ou orphelins. Certains enfants sont même obligés de devenir des soldats et de tuer.

7 Je prends la parole !

Tous les enfants ont le droit de s'exprimer.

Même les enfants peuvent dire leurs idées, dans la famille, à l'école ou dans la ville.

6 À boire et à manger !

Tous les enfants ont le droit de manger à leur faim.

Dans les pays pauvres, des enfants manquent de nourriture. Souvent, ils risquent d'être malades.

ART PRESSE

La question de Scoupe

Sur quel continent vivent le plus d'enfants ?

L'Asie.

La question de Tourbillon

En France, quel numéro de téléphone gratuit peut-on appeler si l'on pense qu'un enfant est en danger ?

Le 119.

Dico

Convention (ici) : texte.
Article (ici) : partie d'un texte.
Orphelin : dont l'un des parents ou les 2 sont morts.
Exploitation (ici) : fait de faire travailler des enfants dans de mauvaises conditions et en les payant peu.
Brutaliser : être violent, frapper.

Avoir des droits et

Les droits

Tout être humain est unique. Il a une identité qui n'appartient qu'à lui. Pour que son corps fonctionne, il respire, mange, boit, dort... Il a des libertés : se déplacer, penser, exprimer ce qu'il pense, parler...

> L'être humain a des droits. Ces règles disent ce qu'il peut faire et ce qu'il peut demander.

Les devoirs

Mais l'être humain vit aussi en société : il est entouré d'autres personnes. Il ne vit pas tout seul sur une île déserte. Il doit respecter les autres. Et il appartient à un pays : il doit respecter les lois de ce pays.

> L'être humain a des devoirs. Ces règles disent ce qu'il est obligé de faire.

.s devoirs

tre citoyen

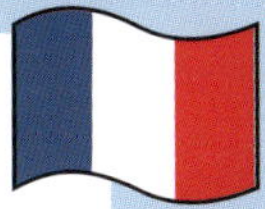

'oir des droits et des devoirs, est la définition d'être citoyen. France, on est vraiment citoyen 18 ans, quand on devient ajeur.
ı a alors
des droits particuliers : ter, se marier, posséder ıe maison...
des devoirs particuliers mme payer des impôts.

n enfant a-t-il des droits t des devoirs ?

i ! C'est une personne comme les autres.

L'enfant a le droit d'avoir une identité, tre nourri, soigné, éduqué, protégé contre mauvais traitements, de ne pas faire guerre, de s'exprimer... Tous ces droits nt écrits dans la **Convention ternationale des droits de l'enfant**, ée en 1989 *(lire p. 14-15)*.

L'enfant a le devoir respecter les adultes arents, professeurs...), respecter règlements omme le règlement l'école ou les règles jeu d'un sport), respecter la loi...

La question de Scoupe

À moins de 18 ans, en France, on n'est pas encore majeur. On est...

... mineur.

La question de Tourbillon

En quelle année la Déclaration universelle des droits de l'homme a-t-elle été votée : 1948 ou 1988 ?

1948.

Dico

Identité (ici) : nom, prénom, date et lieu de naissance..., tout ce qui montre qu'une personne est unique.

Loi : règle qui s'impose à tout le monde et à laquelle il faut obéir.

Impôt : argent qu'un habitant doit donner à son pays pour payer les dépenses publiques (écoles, routes...).

Mauvais traitement (ici) : maltraitance, violence...

Le bureau de vote

C'est l'endroit où le vote est organisé, le plus souvent dans une mairie ou une école. Chaque ville a 1 ou plusieurs bureaux de vote : il y a 1 bureau pour 1 000 électeurs au maximum.

L'isoloir
C'est une cabine fermée par un rideau.

Étape 1

À l'entrée, l'électeur se présente à une table. On vérifie son identité et qu'il est bien inscrit dans ce bureau. Il prend une enveloppe et les bulletins de vote. Sauf s'il veut utiliser ceux qu'il a reçus chez lui.

Étape 2

L'électeur est obligé de passe dans l'isoloir, seul. Il met le bulletin qu'il a choisi dans l'enveloppe. Personne ne le voit faire car le vote est secre

Le bulletin de vote
C'est la feuille qui sert à exprimer un vote. Sur chaque bulletin, il y a le nom d'un candidat ou une liste de candidats.

La carte d'électeur
Chaque Français qui peut voter est inscrit sur une liste dans la ville où il habite : c'est la « list électorale ». Comme preuve, il une carte électorale. Elle indiqu son identité et le bureau où il pourra voter. On ne choisit pas le lieu où l'on vote.

ART PRESSE

Le président du bureau de vote et ses assesseurs
Ce sont les personnes qui organisent le vote. Elles participent aussi au dépouillement.

L'urne
C'est une boîte transparente.

Étape 3

L'électeur se présente devant l'urne.

- Le président du bureau prend sa carte d'électeur et lit son nom à voix haute.
- Un assesseur trouve son nom sur la liste électorale.
- L'électeur glisse son enveloppe dans l'urne.
- Le président dit : « A voté ! »
- L'électeur signe la liste électorale en face de son nom. Puis il reprend sa carte électorale, où un tampon a été mis.

La question de Scoupe

Lors de quelles élections élit-on les maires ?

Les élections municipales.

La question de Tourbillon

Pour combien de temps est élu le président de la République en France ?

5 ans.

Dico

Identité (ici) :
nom, prénom, date de naissance, adresse...
Assesseur (ici) :
personne qui aide le président du bureau à organiser le vote.
Dépouillement (ici) :
comptage des bulletins.

Lutter contre la viol

La violence physique, c'est utiliser la force (frapper, tirer les cheveux, donner un coup de pied...) ou une arme pour faire mal à quelqu'un, le dominer, lui faire peur, ou le tuer.

Pourquoi faut-il lutter contre la violence ?

- **Parce que c'est interdit.**
Ne pas faire mal aux autres, c'est une règle pour vivre ensemble. La violence est aussi punie par la loi.

- **Parce que c'est dangereux.**
Être violent contre une personne, c'est la faire souffrir. On risque de provoquer des dégâts et de se faire mal soi-même.

- **Parce que c'est inutile.**
On ne trouve pas de solution par la bagarre. Souvent, on se trompe : on s'attaque à quelqu'un qui n'est pas responsable.

- **Parce que c'est une spirale.**
Cela veut dire que la violence entraîne la violence. On a souvent envie de réagir face à un agresseur en étant plus violent que lui. Un sourire moqueur entraîne un mot méchant, qui entraîne une bousculade, puis une gifle, puis un coup de poing... Il faut casser cette spirale dès le début.

Une colère...

La violence vient souvent de la colère, qui peut avoir beaucoup de raisons :

- quand on n'est pas d'accord avec quelqu'un
- quand on veut réagir à la méchanceté des autres
- quand on veut défendre sa vie, sa famille, son territoire, ce qu'on possède...
- quand on découvre une injustice
- quand on est impatient
- quand on est frustré...

Il ne faut pas s'empêcher d'être en colère. Cette émotion normale fait partie de la vie.

Avec l'aide du livre ***La violence et la non-violence***, de B. Labbé et M. Puech, collection Les goûters philo, éd. Milan.

nce

... à contrôler

La colère crée une énergie dans le corps : on s'énerve, ça « bout » à l'intérieur, les joues rougissent, on a envie de crier, de casser un objet ou de frapper quelqu'un... Cette énergie, appelée l'agressivité, doit être canalisée pour ne pas se transformer en violence.
Par exemple, on peut apprendre à :
- l'exprimer, par des mots (discuter) ou par l'art (dessiner, écrire...)
- se défouler, faire du sport, aller marcher ou courir...

Comment être non violent ?

- **Éviter les conflits.**

Quand on n'est pas d'accord avec quelqu'un, chercher une solution avant d'être agressif.
Cela ne veut pas dire qu'on est lâche ou qu'on fuit... Cela demande d'être courageux et intelligent.

- **Réagir dans le calme.**

Manifester en silence peut être plus efficace que de tout casser !

- **Réagir avec astuce.**

Quand quelqu'un nous énerve, on peut le surprendre en répondant avec humour ou avec un geste gentil (un bisou !).

Éviter la violence, est-ce toujours possible ?

Non. Parfois le désaccord est si profond et le conflit, si ancien, qu'il est impossible de lutter contre la violence. Il faut alors chercher des solutions pour qu'il y ait le moins de dégâts et de souffrances possible.

Dico

Dominer (ici) : montrer qu'on est le plus fort.
Agresseur : personne qui attaque.
Être frustré (ici) : ne pas avoir ce que l'on veut.
Canalisé (ici) : contrôlé.
Conflit (ici) : dispute qui peut se transformer en bagarre.
Être lâche : s'écraser, reculer, ne pas se défendre.

ART PRESSE

Le racisme

Qu'est-ce que le racisme ?

Les personnes racistes pensent :

- Que les hommes sont de races différentes selon la couleur de leur peau ou la région où ils sont nés.
- Que certaines races sont supérieures à d'autres.

Elles se trompent.

Que pensent les racistes ?

- Les personnes racistes se méfient des différences, elles ont souvent peur des étrangers et de ceux qui ne sont pas comme elles.
- Souvent, elles ont des idées toutes faites sur un groupe, et qui ne sont pas vraies. Par exemple, penser que « tous les Noirs sont paresseux » ou « tous les Roms sont des voleurs », c'est du racisme.

Vers la violence

Être raciste, c'est détester ou rejeter une personne différente de soi. Souvent, le racisme rend violent. Le racisme peut provoquer une guerre, et même le massacre de tout un peuple.

Des punitions

En France, la loi punit ceux qui disent des phrases racistes ou qui font des actions racistes. Par exemple, si quelqu'un dit « sale Nègre » ou « sale Arabe » à une personne à la télé, c'est une injure. Il risque d'être puni : jusqu'à 6 mois de prison et 22 500 euros d'amende.

Une seule race

Les personnes racistes ont tort. Les scientifiques ont prouvé qu'il n'existe qu'un seule race : la race humain Il peut exister davantage d différences biologiques ent 2 personnes d'une même couleur qu'entre 2 personn d'une couleur différente !

La discrimination

- **C'est quoi ?** C'est traiter de façon différente 2 personnes pour 1 seule raison : leur couleur, leur lieu de naissance, leur sexe, leur religion, un handicap...
- **Un exemple.** 2 personnes, une Noire et une Blanche, ont le même âge et sortent de la même école. Elles veulent le même travail. Si le chef embauche la personne blanche plutôt que l'autre parce qu'elle est noire, il fait de la discrimination.
- **Punie.** La discrimination est punie. Dans notre exemple, le chef risque d'être puni de 3 ans de prison et/ou 45 000 euros d'amende.

2 exemples de groupes victimes de racisme aujourd'hui en France

- **Les Arabes.** Beaucoup de personnes sont arrivées d'Algérie, du Maroc... pour travailler en France dans les années 1960. On les appelle souvent « Arabes » même si elles ne parlent pas l'arabe. Depuis, elles ont eu des enfants. Ils sont français (car un enfant né en France de parents étrangers et qui a grandi en France devient français à 18 ans).
- **Les Roms.** C'est un peuple parti d'Asie il y a longtemps. 12 millions de Roms vivent en Europe. Certains, venus de Roumanie et de Bulgarie, arrivent dans les pays plus riches de l'Europe de l'Ouest, comme la France, en espérant vivre mieux. Parfois, ils ne sont pas autorisés à rester en France, et pourtant ils s'installent dans des bidonvilles.

Comment combattre le racisme ?

Chaque fois que l'on va vers les autres, que l'on s'intéresse à leurs différences, on lutte un peu contre les idées racistes. D'ailleurs, depuis longtemps, les gens de tous les peuples se sont mélangés. Toutes nos habitudes (nourriture, loisirs, vêtements...) viennent de ce mélange.

ART PRESSE

Dico

Biologique (ici) : qui concerne le corps et son fonctionnement.

Idée toute faite : idée qu'on a par avance, sans réfléchir et sans la vérifier.

Injure : insulte, parole qui fait mal.

Embaucher : employer, prendre pour un travail.

Bidonville : quartier pauvre formé de baraques faites de planches, de tôles...

La laïcité à l'école

En France, l'école publique est gratuite et laïque depuis les lois de Jules Ferry en 1882. La laïcité, c'est une règle. Son objectif que, à l'école, tous les élèves et les adultes puissent vivre ensemble même s'ils ont des religions différentes.

À l'école publique

Les connaissances

Elles doivent être enseignées à tous de la même manière.

À l'école, il est interdit de porter un signe (ex. : croix) ou un vêtement (ex. : foulard, kippa) qui montre sa religion de manière trop voyante.

À l'école, il n'y a pas de cours de religion ni de prière.

À l'école, il est interdit de désobéir, ou de refuser ce qu'enseigne un instituteur, pour une raison de religion.

Les écoles privées

En France, il existe des écoles privées, payantes et liées à une religion. Elles donnent des cours de religion.

En dehors de l'école

Les croyances

Elles sont choisies par chacun et doivent rester dans la vie privée.

En France, on est libre de pratiquer la religion de son choix. En dehors de l'école, on peut en porter les signes.

Chaque religion a des lieux pour prier : l'église pour les catholiques, la synagogue pour les juifs, la mosquée pour les musulmans...

Chacun peut suivre des cours de religion. Par exemple : le catéchisme est l'enseignement de la religion catholique.

En France

Un pays laïc depuis 1905

En France, chacun est libre de choisir sa religion ou de ne pas en avoir. Les chefs du pays prennent des décisions pour tous les habitants, sans tenir compte des religions.

La religion est présente

La religion catholique a longtemps eu un rôle dans l'histoire de France. Par exemple, on disait que le pouvoir des rois venait de Dieu.

Elle est encore présente, malgré la laïcité. Par exemple, plusieurs jours **fériés** viennent de fêtes catholiques.
Autre exemple : la plupart des gens ne travaillent pas le dimanche, considéré comme un jour saint.

ART PRESSE

La question de Scoupe

Comment appelle-t-on le chef religieux des catholiques ?

Le pape.

La question de Tourbillon

Comment dit-on « école » en anglais ?

School (prononcer « skoule »).

Dico

Jules Ferry : homme politique français qui a vécu de 1832 à 1893. Ministre de l'Éducation, il a fait voter plusieurs lois pour transformer l'école. Elle est devenue obligatoire de 6 à 13 ans, gratuite et laïque.
Kippa : sorte de bonnet porté par les juifs.
Férié : où l'on ne travaille pas.

Les religions

Des questions

Les hommes ont des inquiétudes : qui a créé le monde ? Pourquoi vit-on, pourquoi souffre-t-on, pourquoi meurt-on ? Souvent, les religions tentent de leur apporter des réponses.

Des différences

Il existe des centaines de religions. Certaines ont disparu (comme celles des Grecs et des Égyptiens). D'autres existent depuis très longtemps.

Des croyances

Les religions affirment des choses que la science n'a pas prouvées.
Par exemple, que Dieu existe, ou qu'il y a une vie après la mort. Ce sont des croyances. Ceux qui y croient ont la foi.
Ceux qui ne croient pas en un dieu sont athées.

Une pratique

Quand on est croyant, on peut pratiquer sa religion : participer au culte, lire des livres sacrés, faire des prières, respecter certains rites...

Quelques informations sur 3 religions

Ces religions sont les 3 principales en France. Elles sont toutes les 3 fondées sur un texte sacré.

La religion chrétienne a longtemps eu un grand rôle dans l'histoire de France. Par exemple, on disait que le pouvoir des rois venait de Dieu. Aujourd'hui encore, les cloches des églises sonnent dans les villes et les villages. Plusieurs jours fériés viennent de fêtes catholiques. Et la plupart des gens ne travaillent pas le dimanche, considéré comme un jour saint.

L'islam

Les musulmans croient en un seul dieu : Allah. Son prophète est Mahomet.

- **Livre sacré :** le Coran.
- **Principal lieu de culte :** la mosquée.
- Le musulman respecte 5 piliers (5 règles). L'un d'eux est de prier 5 fois par jour.

Le judaïsme

Les juifs croient en un seul dieu. Son prophète est Moïse.

- **Livre sacré :** la Torah.
- **Principal lieu de culte :** la synagogue.
- **Un exemple de rite :** le shabbat (jour de repos du vendredi soir au samedi soir).

Le christianisme

Les chrétiens (catholiques, orthodoxes ou protestants) croient en un seul dieu. Ils croient que Jésus est le fils de Dieu.

- **Livre sacré :** la Bible.
- **Principal lieu de culte :** l'église ou le temple.
- **Un exemple de rite :** la messe.

ART PRESSE

La question de Scoupe

Dans quelle religion le rite du baptême existe-t-il ?

Dans le christianisme.

La question de Tourbillon

Quelle ville d'Arabie saoudite est sainte pour les musulmans ?

La Mecque.

Dico

Culte : toutes les cérémonies d'une religion.

Rite : règle ou fête d'une religion.

Prophète : personne qui a entendu le message de Dieu et qui le fait connaître.

Quand la liberté de la n'est pas respectée

La liberté de la presse, c'est quoi ?

C'est le droit que les journalistes ont de donner au public toutes les informations sur les événements qui se passent dans le monde. Ce droit est très important. Il permet aux habitants d'un pays d'être bien informés. Ils peuvent alors réfléchir seuls, et avoir leur propre avis sur les choses.
Ce droit est inscrit dans la Déclaration universelle des droits de l'homme de 1948 (article 19).

Où n'existe-t-elle pas ?

Elle n'existe pas, par exemple, dans les pays non démocratiques, où il y a des dictatures. On les trouve surtout en Afrique, en Asie et en Amérique du Sud. Les gouvernements de ces pays veillent à ce que les journalistes ne propagent pas des idées différentes des leurs.

Comment l'empêche-t-on ?

Il y a différentes méthodes :

Le contrôle militaire. Les gouvernements font surveiller les médias par l'armée ou la police.

La propagande. Les gouvernements créent leurs propres médias pour ne diffuser que leurs idées.

La censure. Les médias qui ne propagent pas les idées des gouvernements sont interdits : les journaux sont détruits, ou les émissions ne sont pas diffusées.

presse

La liberté d'expression en danger

Quand la liberté de la presse n'existe pas dans un pays, la liberté d'expression n'existe pas non plus. Il n'y a alors pas d'élections, ou les votes sont truqués. L'armée ou la police surveillent le pays. Les gens n'ont pas le droit de parole, ils ne peuvent pas se réunir en parti politique...

Journalistes en danger

Les journalistes sont parfois en danger personnellement.

Dans les pays où la liberté de la presse n'existe pas, ils peuvent être menacés, mis en prison, ou même tués.

Dans tous les pays, des journalistes peuvent être attaqués par des terroristes. Ils sont parfois pris en otages ou assassinés.

ART PRESSE

La question de Scoupe

Comment s'appelle un journal qui sort tous les jours ?

Un quotidien.

La question de Tourbillon

Comment s'appelle un journaliste installé dans un pays étranger pour y suivre l'actualité ?

Un correspondant.

Dico

Presse ou **médias** : journaux, revues, télévisions, radios, sites Internet d'information...

Démocratique : où les chefs sont élus lors d'élections libres.

Dictature : pays où un seul chef a tous les pouvoirs.

Gouvernement : ensemble des dirigeants d'un pays.

Propager : faire connaître.

Terroriste : personne qui utilise la violence pour imposer ses idées.

3 QUESTIONS POUR ALLER PLUS LOIN

Qu'est-ce qu'un dessinateur de presse ?

Berth, le dessinateur de *Mon Quotidien* depuis 1999, répond.

Rire. « Un dessinateur de presse est un journaliste qui présente un sujet d'une manière différente. Certains dessins illustrent un texte, d'autres font rire et d'autres encore expriment une opinion. Certains sont un mélange de tout ça. »

Combats. « L'hebdomadaire *Charlie Hebdo* est un journal d'opinion, un journal engagé. Il mène des combats. Il s'est, par exemple, toujours moqué de toutes les religions. »

Peur. « Il y aura un "avant" et un "après" l'attaque contre *Charlie Hebdo*. Les choses vont changer. Normalement, la seule question que l'on doit se poser, c'est : "Ce dessin est-il drôle ?" Maintenant, certains dessinateurs risquent d'avoir peur. On sait qu'on peut faire un dessin et se faire tuer 2 heures après... C'est une espèce de guerre, mais on n'a pas les mêmes armes. Les nôtres sont des crayons. »

Quelle est la différence entre la liberté d'expression et la liberté de la presse ?

Benjamin Ismaïl, de Reporters sans frontières, répond.

Déclaration. « La liberté d'expression est inscrite dans l'article (paragraphe) 11 de la Déclaration des droits de l'homme et du citoyen de 1789 *(lire p. 10-11)*. Tout citoyen a le droit d'exprimer son opinion. Il ne doit pas subir de violence à cause de ce qu'il pense. »

Métier. « La liberté de la presse "consolide" la liberté d'expression pour protéger ceux dont l'expression est le métier : les journalistes. On parle même de "liberté d'informer", car cette liberté ne concerne pas seulement les journalistes de métier. Elle concerne aussi, par exemple, un blogueur (qui, souvent, n'est pas journaliste) qui informe sur des événements de son pays. »

Justice. « Cela ne veut pas dire qu'un journaliste peut écrire ou dire des choses fausses sur quelqu'un ou insultantes pour lui. S'il le fait, il risque d'être condamné par la justice et de devoir payer une amende. »

Limite. « Mais exprimer une opinion, dessiner une caricature, être impertinent... est une liberté. »

Quel est le sens de l'expression « attention aux amalgames » ?

Gérard Dhôtel, auteur de *Comment parler de l'islam aux enfants* (éd. Le Baron perché), répond.

Mélanger. « Cette expression signifie "tout mélanger, confondre des mots, croire qu'ils ont le même sens". »

Mots. « Par exemple, utiliser les mots "musulmans" et "islamistes" pour dire la même chose, c'est faire un amalgame. Ces mots n'ont rien à voir. L'islam est une religion dont les croyants sont les musulmans. L'islamisme est une façon de se servir de cette religion pour faire de la politique. Les islamistes veulent une application stricte de la charia (une règle du Coran). Certains (des terroristes) utilisent la violence pour imposer leurs idées. »

Dangereux. « Si on ne connaît pas la différence entre ces mots, on peut se faire manipuler. C'est pour cela que tu entends dire que les amalgames sont dangereux.

Les islamistes ont intérêt à ce que l'on mélange les mots. Confondre musulman et islamiste et confondre musulman et terroriste, c'est archi-faux ! Les 3 assassins sont des terroristes. L'islam est une religion de paix, qui n'a rien à voir avec leurs discours. »

La liberté d'expression possède une seule limite : personne n'a le droit d'inciter à la haine ou au meurtre. »

Dico

Hebdomadaire (ici) : journal qui paraît 1 fois par semaine.

Engagé (ici) : qui défend des idées.

Consolider : renforcer.

Blogueur : personne qui écrit un blog (site Internet).

Caricature : dessin qui se moque de quelqu'un.

Impertinent : qui cherche à choquer par un manque de politesse, de respect.

Inciter à : pousser à.

Coran : texte sacré des musulmans.

Se faire manipuler (ici) : être influencé par quelqu'un pour agir comme lui.